Impressum
Verlag: BABADADA GmbH, Nedderfeld 112 , 22529 Hamburg
Geschäftsführer / Verlagsleitung: Harald Hof
Druck: Books on Demand GmbH, In de Tarpen 42, 22848 Norderstedt

Imprint
Publisher: BABADADA GmbH, Nedderfeld 112 , 22529 Hamburg, Germany
Managing Director / Publishing direction: Harald Hof
Print: Books on Demand GmbH, In de Tarpen 42, 22848 Norderstedt

sekolah
okul

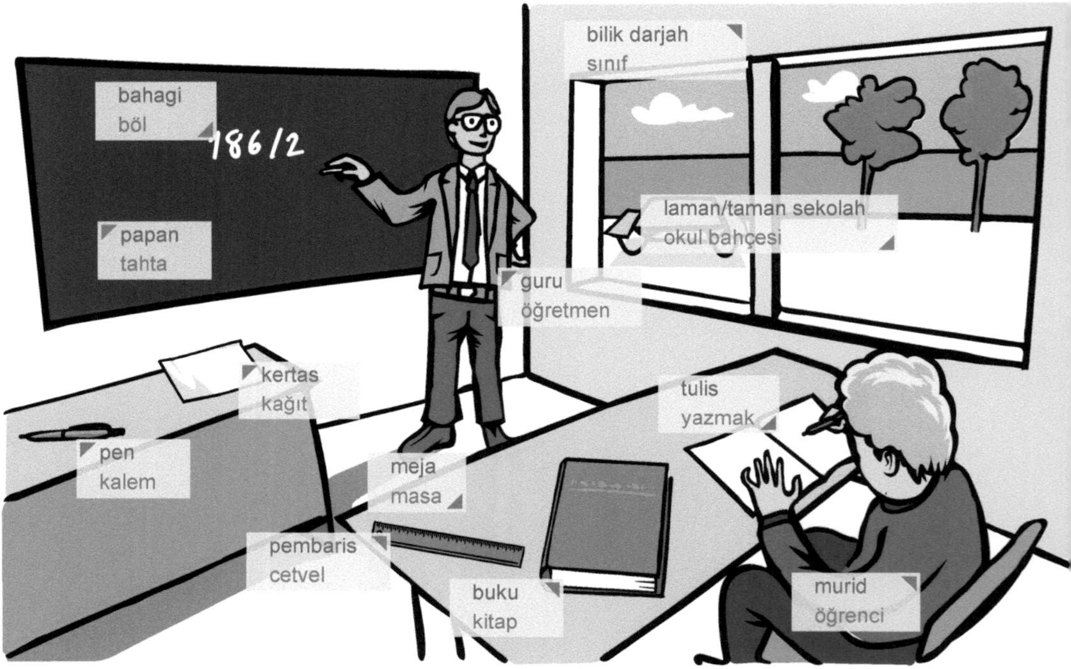

bilik darjah
sınıf
bahagi
böl
186/2
papan
tahta
laman/taman sekolah
okul bahçesi
guru
öğretmen
kertas
kağıt
tulis
yazmak
pen
kalem
meja
masa
pembaris
cetvel
buku
kitap
murid
öğrenci

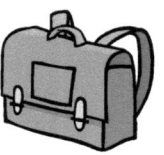

beg galas
okul çantası

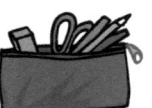

kotak pensel
kalemlik

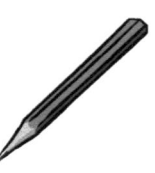

pensel
kurşun kalem

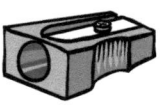

pengasah pensel
kalem açacağı

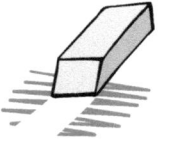

pemadam
silgi

kertas lukisan
çizim defteri

melukis
çizim

berus lukis
resim fırçası

kotak warna
boya kutusu

gunting
makas

gam
tutkal

buku latihan
alıştırma kitabı

kerja rumah
ödev

nombor
sayı

2+2

tambah
ekle

5-2

tolak
çıkar

darab
çarp

kira
hesapla

huruf
harf

ABCDEFG
HIJKLMN
OPQRSTU
VWXYZ

abjad
alfabe

kata
kelime

teks
metin

baca
okumak

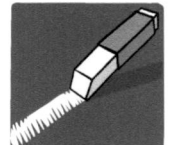

kapur
tebeşir

pelajaran
ders

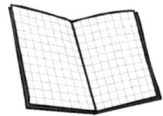

daftar
kayıt

peperiksaan
sınav

sijil
sertifika

uniform sekolah
okul forması

pendidikan
eğitim

ensiklopedia
ansiklopedi

universiti
üniversite

mikroskop
mikroskop

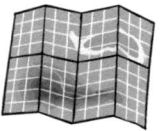

peta
harita

bakul sampah
kağıt çöp kutusu

hotel
otel

asrama
pansiyon

ROOMS

pejabat tukaran mata wang
döviz bürosu

EXCHANGE

beg pakaian
bavul

kereta
otomobil

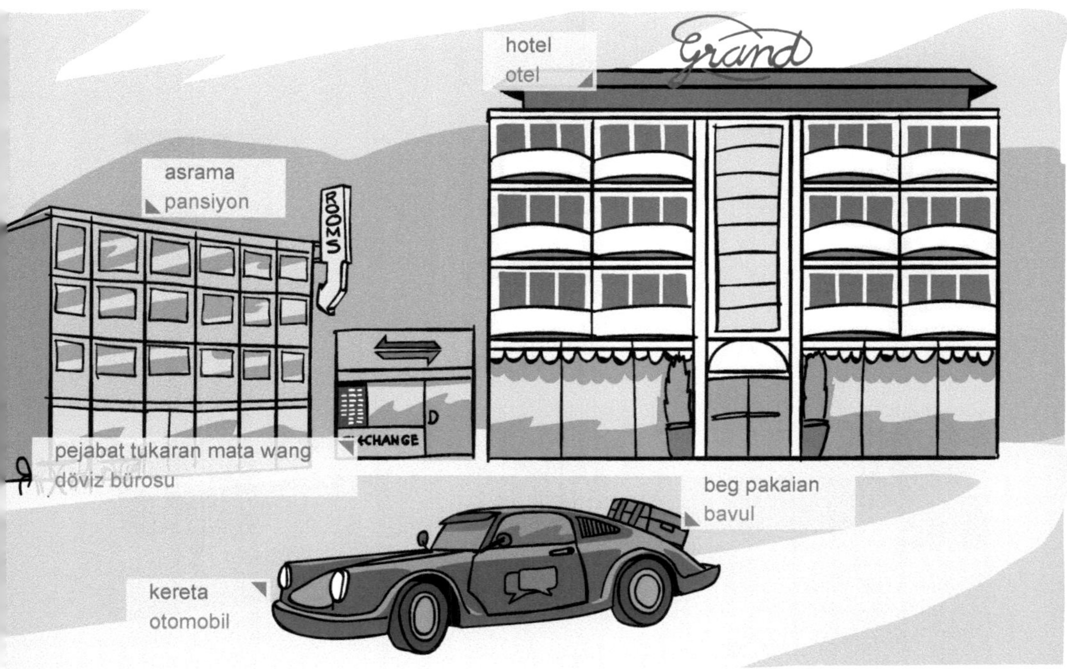

bahasa

dil

ya / tidak

evet / hayır

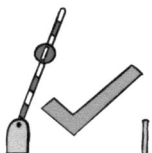

okey

Tamam

helo

merhaba

penterjemah

çevirmen

Terima kasih

Teşekkür ederim

berapa banyak...?

bu ... ne kadar?

saya tidak faham

anlamadım

masalah

problem

Selamat petang!

İyi akşamlar!

Selamat Pagi!

Günaydın!

Selamat Malam!

İyi geceler!

selamat tinggal

güle güle

arah

yön

bagasi

bagaj

beg

çanta

beg galas

sırt çantası

tetamu

misafir

bilik tidur

oda

beg tidur

uyku tulumu

khemah

çadır

maklumat pelancong
turist danışma

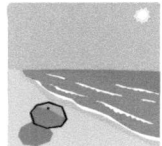

pantai
sahil

kad kredit
kredi kartı

sarapan
kahvaltı

makan tengah hari
öğle yemeği

makan malam
akşam yemeği

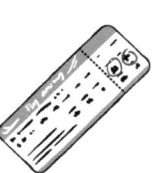

tiket
Bilet

lif
asansör

setem
pul

sempadan
sınır

kastam
gümrük

kedutaan
elçilik

visa
vize

pasport
pasaport

pengangkutan
ulaşım

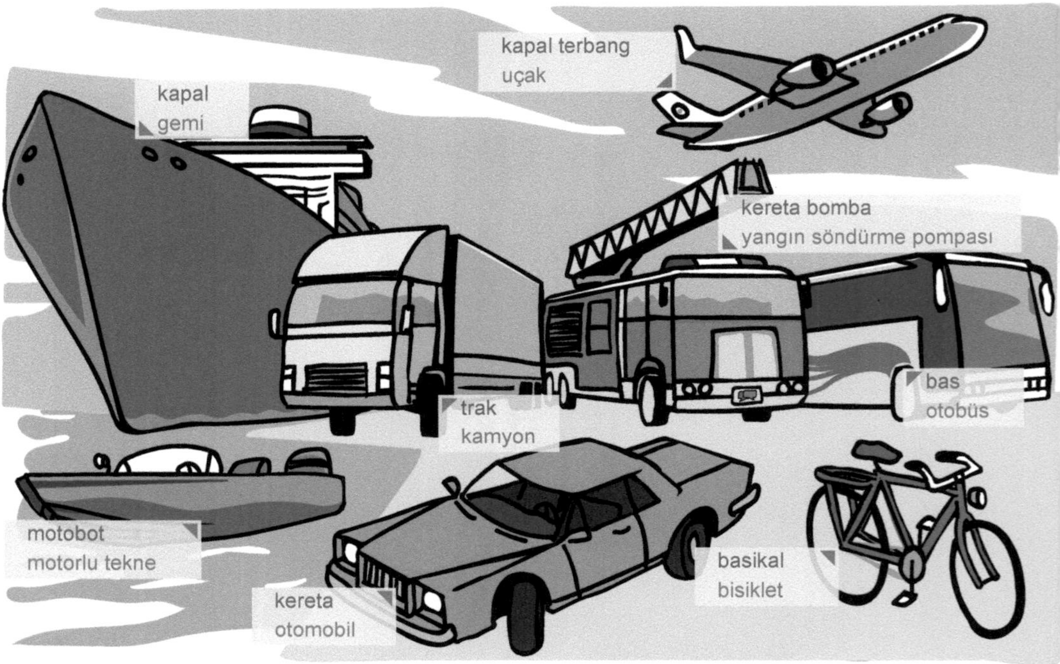
kapal terbang
uçak
kapal
gemi
kereta bomba
yangın söndürme pompası
bas
otobüs
trak
kamyon
motobot
motorlu tekne
basikal
bisiklet
kereta
otomobil

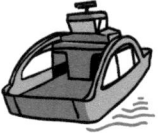

feri

feribot

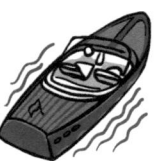

bot

bot

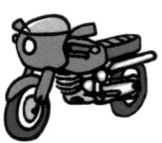

motosikal

motosiklet

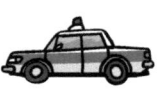

kereta polis

polis arabası

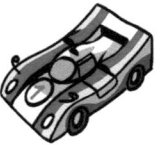

kereta lumba

yarış arabası

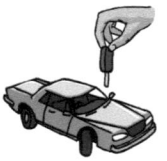

kereta sewa

kiralık araba

berkongsi kereta

ortak araba

trak tunda

çekici

trak menolak

çöp kamyonu

motor

motor

bahan api

yakıt

stesen minyak

benzinlik

tanda trafik

trafik işareti

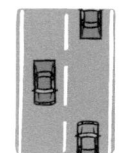

trafik

trafik

kesesakan lalu lintas

trafik sıkışıklığı

tempat parkir

otopark

stesen kereta api

tren istasyonu

trek

ray

kereta api

tren

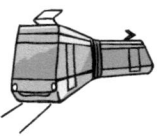

trem

tramvay

gerabak

vagon

helikopter
helikopter

lapangan terbang
havaalanı

Menara
kule

penumpang
yolcu

bekas
konteyner

kadbod
koli

kart
yük arabası

bakul
sepet

berlepas / mendarat
kalkış / iniş

bandar
şehir

kampung
köy

pusat bandar
şehir merkezi

rumah
ev

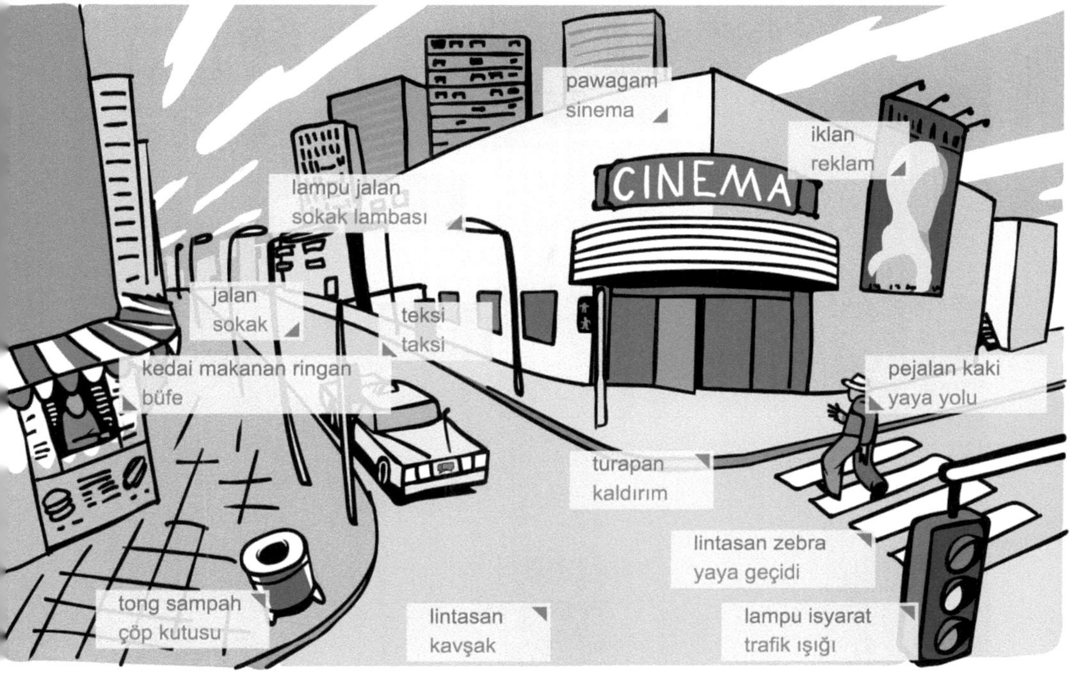

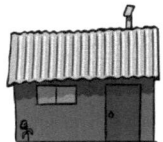

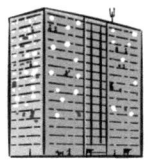

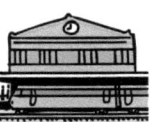

CINEMA
pawagam
sinema
iklan
reklam
lampu jalan
sokak lambası
jalan
sokak
teksi
taksi
kedai makanan ringan
büfe
pejalan kaki
yaya yolu
turapan
kaldırım
lintasan zebra
yaya geçidi
tong sampah
çöp kutusu
lintasan
kavşak
lampu isyarat
trafik ışığı

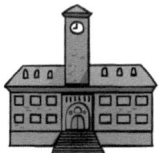

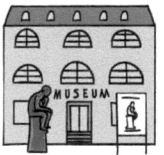

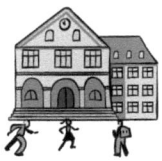

pondok

kulübe

flat

apartman dairesi

stesen kereta api

tren istasyonu

dewan bandar

belediye binası

MUSEUM

muzium

müze

sekolah

okul

universiti

üniversite

bank

banka

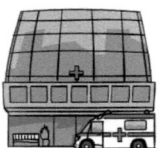

hospital

hastane

hotel

otel

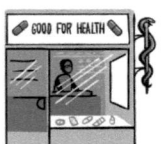

farmasi

eczane

pejabat

ofis

kedai buku

kitapçı

kedai

mağaza

kedai bunga

çiçekçi

pasar raya

süpermarket

pasaran

market

gedung

büyük mağaza

penjual ikan

balık satıcısı

pusat membeli-belah

alışveriş merkezi

pelabuhan

liman

12   bandar - şehir

taman
park

bangku
bank

jambatan
köprü

tangga
merdiven

bawah tanah
metro

terowong
tünel

hentian bas
otobüs durağı

bar
bar

restoran
restoran

peti surat
posta kutusu

papan tanda jalan
sokak tabelası

meter parkir
otopark sayacı

zoo
hayvanat bahçesi

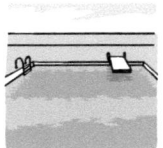

kolam renang
yüzme havuzu

masjid
cami

ladang
çiftlik

pencemaran
kirlilik

tanah perkuburan
mezarlık

gereja
kilise

taman permainan
oyun alanı

kuil
tapınak

landskap
arazi

daun
yaprak

tiang tanda
yön tabelası

jalan
yol

padang rumput
çayır

batu
taş

pejalan kaki
yürüyüşçü

pokok
ağaç

sungai
ırmak

rumput
çimen

bunga
çiçek

lembah

vadi

bukit

tepe

tasik

göl

hutan

orman

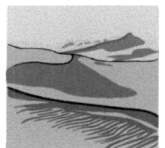

padang pasir

çöl

gunung berapi

volkan

istana

kale

pelangi

gökkuşağı

cendawan

mantar

pokok kelapa sawit

palmiye

nyamuk

sivrisinek

terbang

sinek

semut

karınca

lebah

arı

labah-labah

örümcek

landskap - arazi

15

kumbang

böcek

katak

kurbağa

tupai

sincap

landak

kirpi

arnab

yabani tavşan

burung hantu

baykuş

burung

kuş

angsa

kuğu

babi jantan

yaban domuzu

rusa

geyik

moose

geyik

empangan

baraj

turbin angin

rüzgar türbini

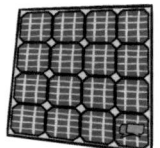

panel solar

güneş paneli

iklim

iklim

restoran

restoran

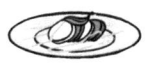

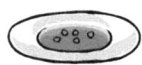

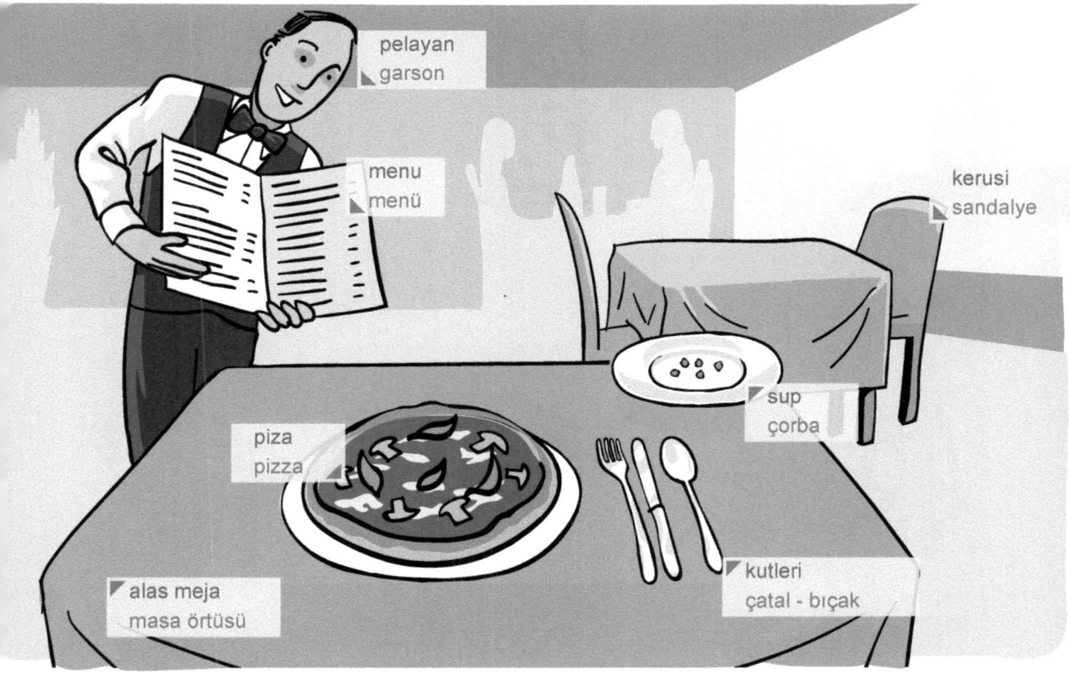
pelayan
garson
menu
menü
kerusi
sandalye
sup
çorba
piza
pizza
kutleri
çatal - bıçak
alas meja
masa örtüsü

pemula

başlangıç

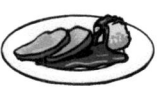

hidangan utama

ana yemek

pencuci mulut

tatlı

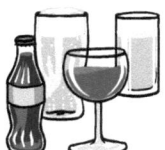

minuman

içecekler

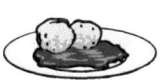

makanan

yemek

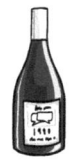

botol

şişe

makanan segera

fastfood

makanan jalanan

sokak yemeği

teko

çaydanlık

mangkuk gula

şekerlik

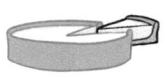

bahagian

porsiyon

mesin espreso

espresso makinesi

kerusi tinggi

mama sandalyesi

bil

fatura

dulang

tepsi

pisau

bıçak

garfu

çatal

sudu

kaşık

sudu teh

çay kaşığı

serviette

servis peçetesi

gelas

bardak

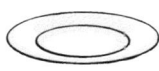

pinggan

tabak

mangkuk sup

çorba kasesi

piring

fincan altlığı

sos

sos

tempat garam

tuzluk

pengisar lada

karabiber değirmeni

cuka

sirke

minyak

yağ

rempah

baharat

sos

ketçap

mustard

hardal

mayones

mayonez

pasar raya
süpermarket

tawaran istimewa
özel teklif
FOR
pelanggan
müşteri
tenusu
süt ürünleri
buah-buahan
meyve
troli
alışveriş arabası

BUTCHERS

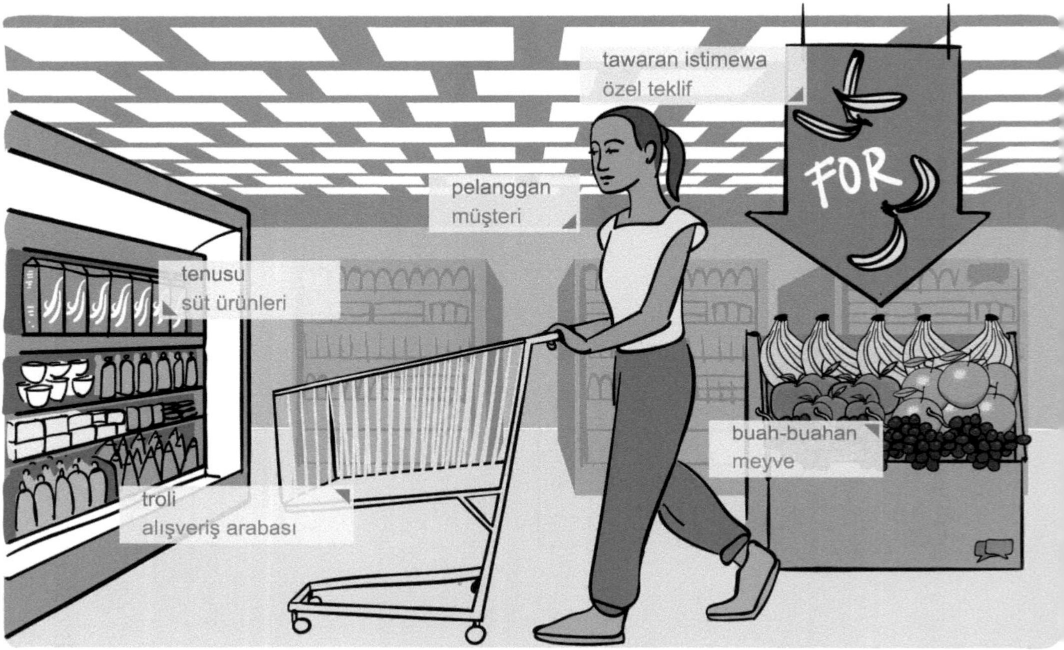

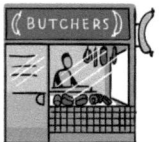

tukang daging

kasap

BAKERY

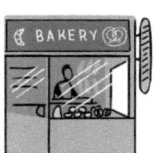

kedai roti

fırın

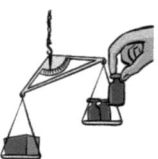

berat

tartmak

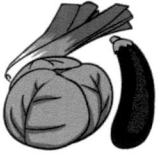

sayur-sayuran

sebze

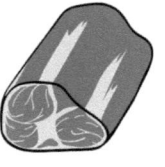

daging

et

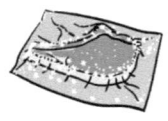

makanan sejuk beku

donmuş gıda

daging sejuk

söğüş et

makanan dalam tin

konserve yiyecek

serbuk pencuci

toz deterjan

gula-gula

şekerlemeler

produk isi rumah

ev temizlik ürünleri

produk pembersihan

temizlik ürünleri

orang jualan

satış görevlisi

daftar tunai

yazar kasa

juruwang

kasiyer

senarai membeli-belah

alışveriş listesi

waktu pembukaan

açılış saatleri

beg duit

cüzdan

kad kredit

kredi kartı

beg

çanta

beg plastik

plastik poşet

air
....
su

jus
....
meyve suyu

susu
....
süt

kola
....
kola

wain
....
şarap

bir
....
bira

alkohol
....
alkol

koko
....
kakao

the
....
çay

kopi
....
kahve

espreso
....
espresso

kapucino
....
kapuçino

pisang

muz

epal

elma

oren

portakal

tembikai

kavun

lemon

limon

lobak merah

havuç

bawang putih

sarımsak

buluh

bambu

bawang

soğan

cendawan

mantar

kacang

çerez

mi

makarna

spageti
spagetti

nasi
pirinç

salad
salata

kerepek
cips

kentang goreng
patates kızartması

piza
pizza

hamburger
hamburger

sandwic
sandviç

kutlet
şinitzel

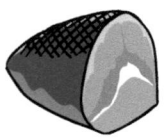

ham
pastırma

salami
salam

sosej
sosis

ayam
tavuk

panggang
rosto

ikan
balık

makanan - yemek

bubur oat

yulaf ezmesi

muesli

müsli

emping jagung

mısır gevreği

tepung

un

kroisan

kruvasan

roti roll

küçük ekmek

roti

ekmek

roti bakar

tost

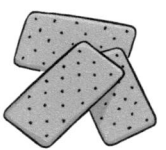

biskut

bisküvi

mentega

tereyağı

dadih

kaymak

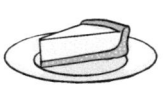

kek

kek

telur

yumurta

telur goreng

sahanda yumurta

keju

peynir

ais krim

dondurma

gula

şeker

madu

bal

jem

reçel

krim nougat

fındık ezmesi

kari

köri

ladang
çiftlik

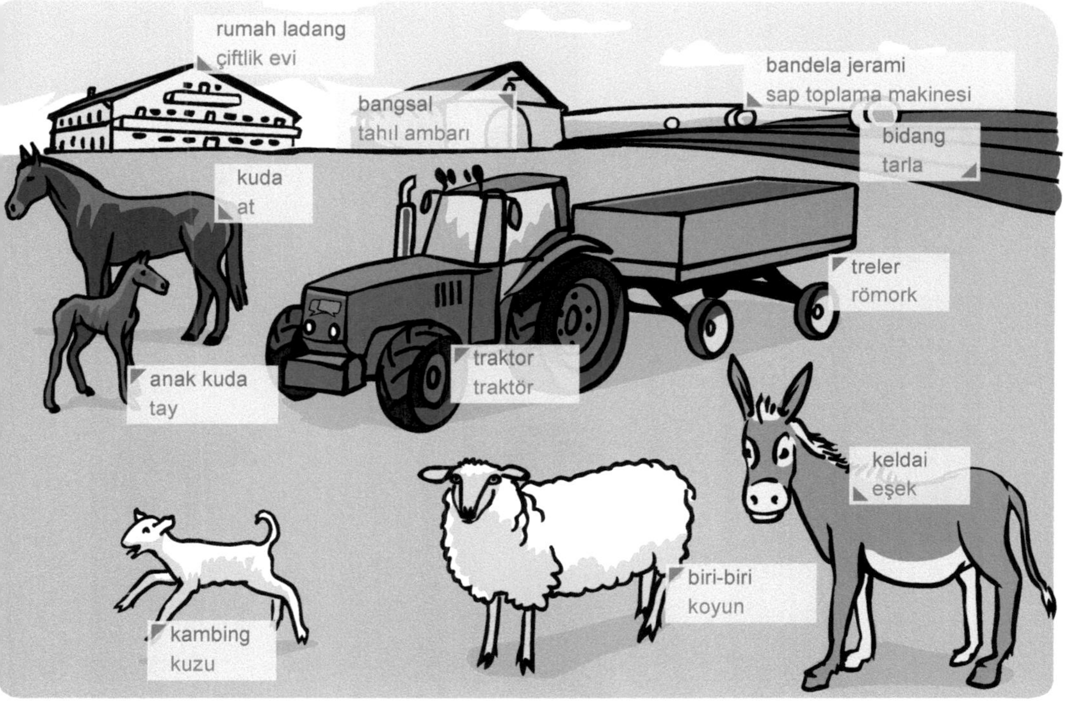

rumah ladang
çiftlik evi
bangsal
tahıl ambarı
bandela jerami
sap toplama makinesi
bidang
tarla
kuda
at
treler
römork
traktor
traktör
anak kuda
tay
keldai
eşek
biri-biri
koyun
kambing
kuzu

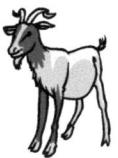

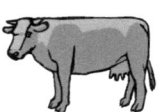

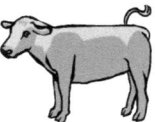

kambing
keçi

lembu
inek

anak lembu
buzağı

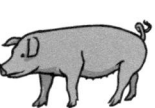

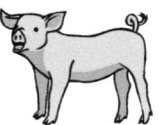

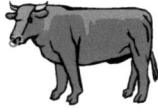

babi
domuz

anak babi
domuz yavrusu

lembu
boğa

angsa

kaz

itik

ördek

anak ayam

civciv

ayam betina

tavuk

ayam jantan muda

horoz

tikus

sıçan

kucing

kedi

tikus

fare

lembu jantan

öküz

anjing

köpek

rumah anjing

köpek kulübesi

hos taman

bahçe hortumu

bekas siraman

sulama kabı

sabit

tırpan

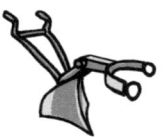

bajak

pulluk

sabit
orak

cangkul
çapa

serampang peladang
dirgen

kapak
balta

kereta sorong
el arabası

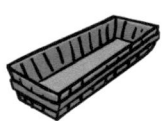

palung
yemlik

tin susu
süt kovası

karung
çuval

pagar
çit

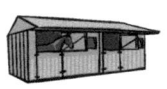

stabil
ahır

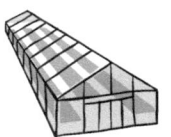

rumah hijau
sera

tanah
toprak

benih
tohum

baja
gübre

jentuai
biçerdöver

tuai

hasat etmek

menuai

harman

keladi

tatlı patates

gandum

buğday

soya

soya

kentang

patates

jagung

mısır

biji sawi

kolza

pokok buah-buahan

meyve ağacı

ubi kayu

manyok

bijirin

hububat

rumah

ev

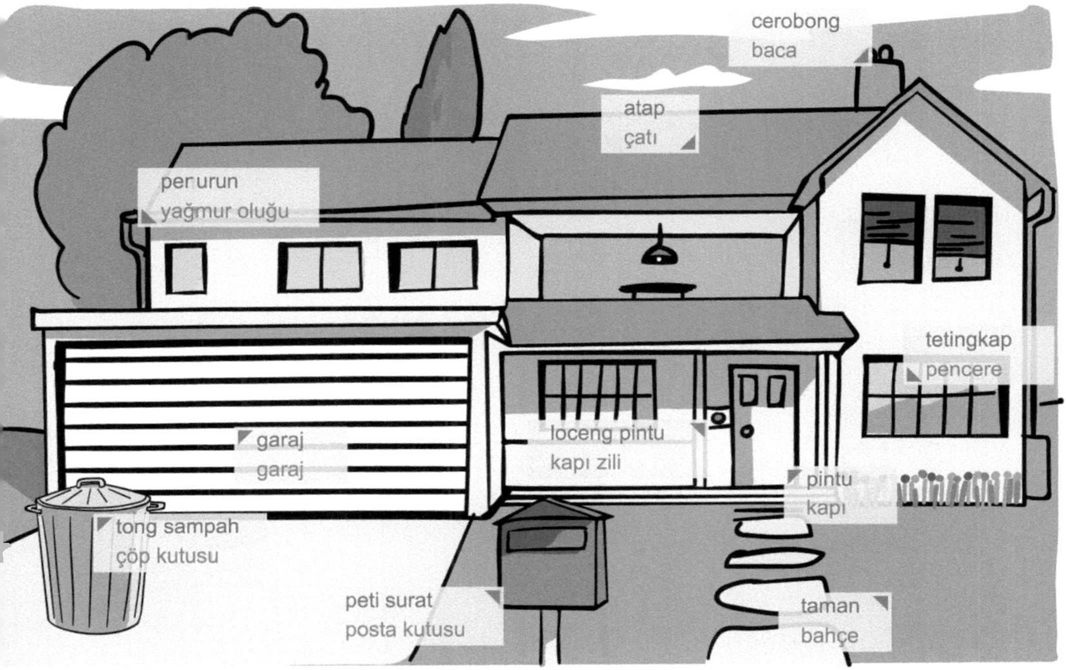
cerobong
baca
atap
çatı
perurun
yağmur oluğu
tetingkap
pencere
loceng pintu
kapı zili
garaj
garaj
pintu
kapı
tong sampah
çöp kutusu
peti surat
posta kutusu
taman
bahçe

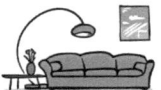

ruang tamu

oturma odası

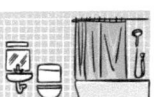

bilik air

banyo

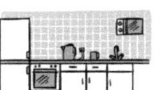

dapur

mutfak

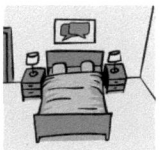

bilik tidur

yatak odası

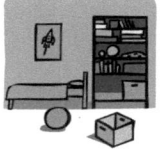

bilik kanak-kanak

çocuk odası

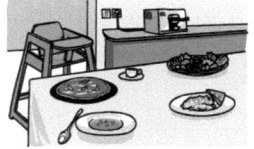

ruang makan

yemek odası

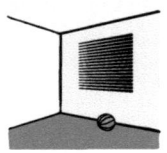

lantai

zemin

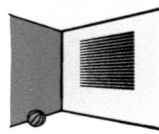

dinding

duvar

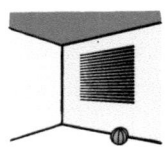

siling

tavan

bilik bawah tanah

kiler

sauna

sauna

balkoni

balkon

teres

teras

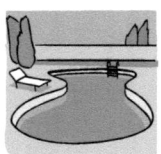

kolam renang

havuz

pemotong rumput

çim biçme makinesi

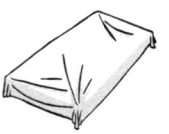

lembaran

çarşaf

penutup tilam

yatak örtüsü

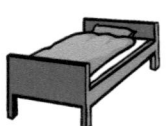

katil

yatak

penyapu

süpürge

timba

kova

suis

anahtar

ruang tamu
oturma odası

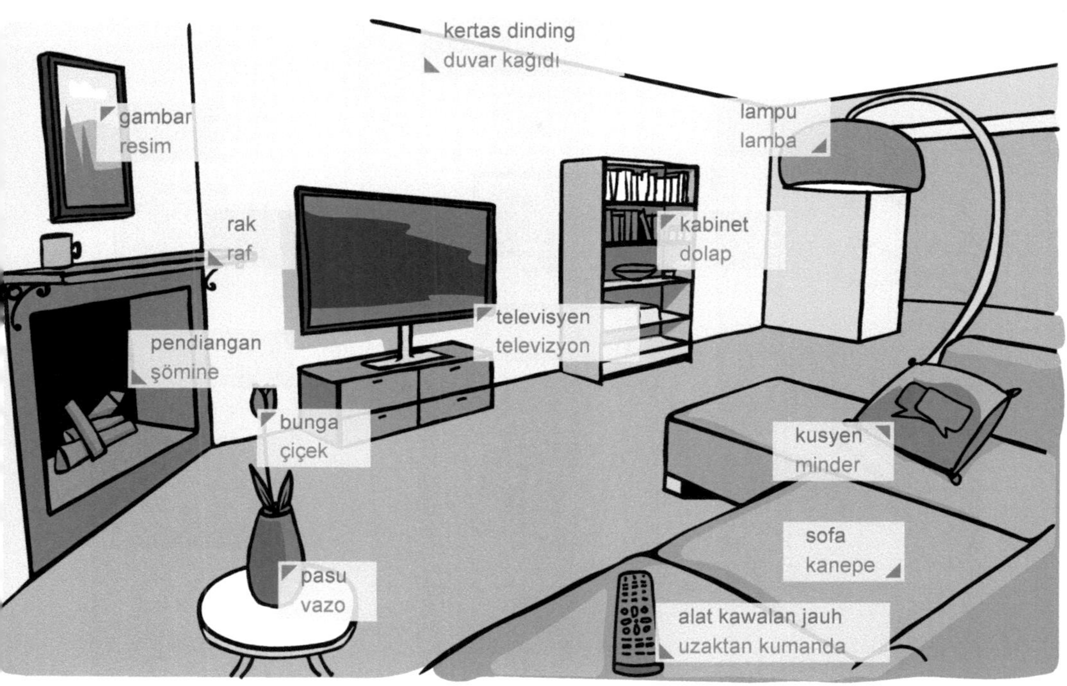
kertas dinding
duvar kağıdı
gambar
resim
lampu
lamba
rak
raf
kabinet
dolap
televisyen
televizyon
pendiangan
şömine
bunga
çiçek
kusyen
minder
sofa
kanepe
pasu
vazo
alat kawalan jauh
uzaktan kumanda

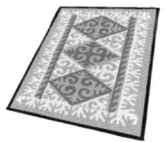

permaidani

halı

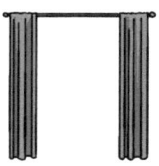

tirai

perde

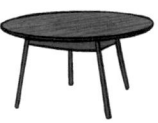

meja

masa

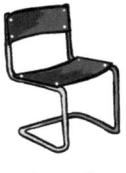

kerusi

sandalye

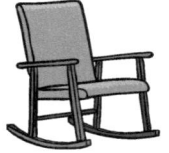

kerusi malas

salıncaklı koltuk

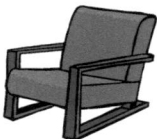

kerusi

koltuk

buku

kitap

selimut

battaniye

hiasan

dekor

kayu api

odun

filem

film

hi-fi

hi-fi

kunci

anahtar

akhbar

gazete

lukisan

tablo

poster

poster

radio

radyo

buku catatan

defter

penyedut habuk

elektrikli süpürge

kaktus

kaktüs

lilin

mum

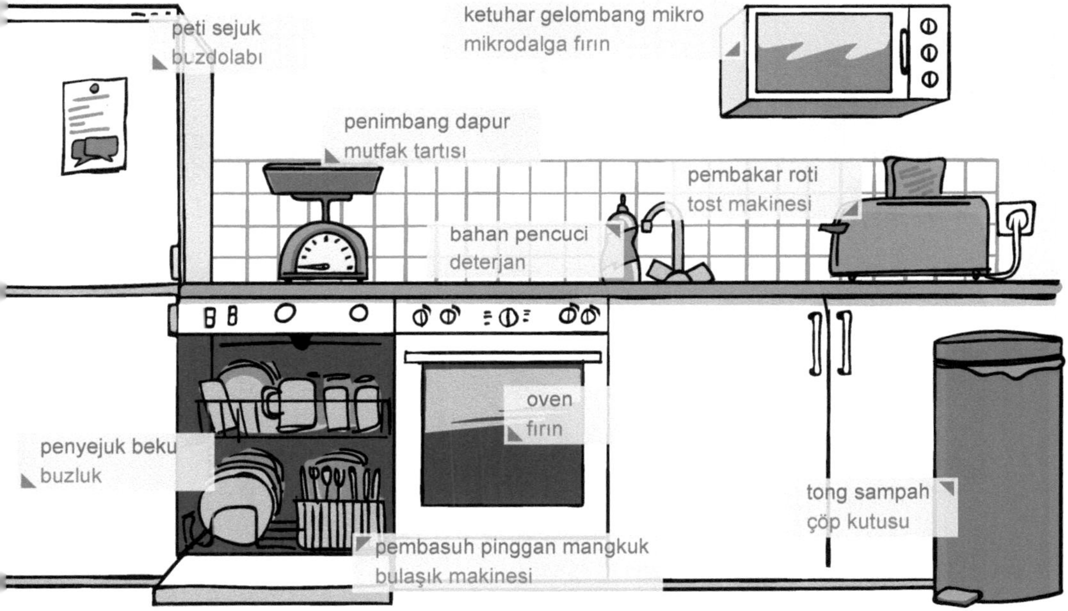

peti sejuk
buzdolabı

ketuhar gelombang mikro
mikrodalga fırın

penimbang dapur
mutfak tartısı

pembakar roti
tost makinesi

bahan pencuci
deterjan

penyejuk beku
buzluk

oven
fırın

tong sampah
çöp kutusu

pembasuh pinggan mangkuk
bulaşık makinesi

periuk dapur	periuk	periuk besi
ocak	tencere	döküm tencere

kuali	pan	cerek
wok	tava	su ısıtıcı

pengukus
buharlı pişirici

dulang pembakar
pişirme tepsisi

pinggan mangkuk
tabak takımı

koleh
kupa

mangkuk
kase

penyepit
çubuk (çin yemeği)

senduk
kepçe

spatula
spatula

pengadun
çırpma teli

penapis
süzgeç

ayak
elek

pemarut
rende

mortar
havan

barbeku
barbekü

pembakaran terbuka
açık ateş

papan pencincang

kesme tahtası

pin golekan

merdane

skru gabus

tirbüşon

tin

konserve kutusu

pembuka tin

konserve açacağı

pemegang periuk

fırın eldiveni

sinki

evye

berus

fırça

span

sünger

pengisar

blender

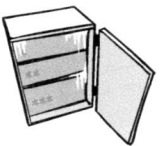

penyejuk beku

derin dondurucu

botol bayi

biberon

paip

musluk

bilik air

banyo

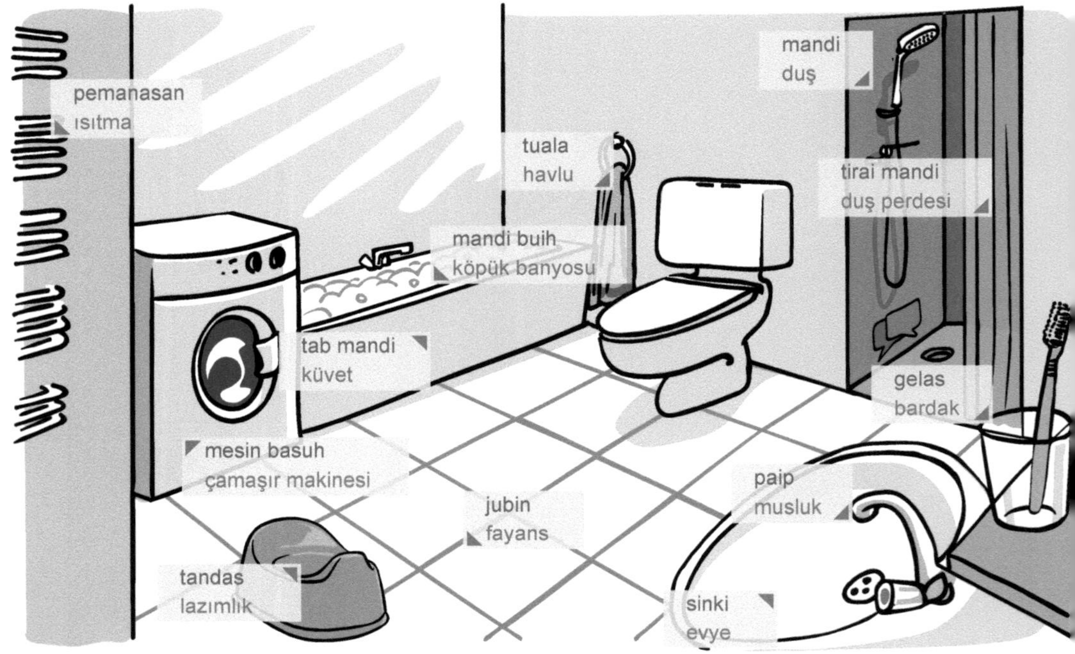

pemanasan
ısıtma
tuala
havlu
mandi
duş
tirai mandi
duş perdesi
mandi buih
köpük banyosu
tab mandi
küvet
gelas
bardak
mesin basuh
çamaşır makinesi
paip
musluk
jubin
fayans
tandas
lazımlık
sinki
evye

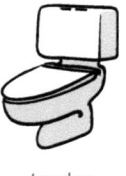

tandas

tuvalet

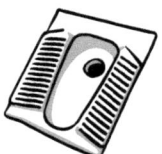

tandas mencangkung

alaturka tuvalet

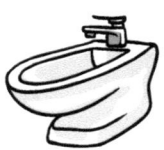

mangkuk tandas

bide

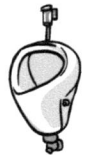

tandas awam

pisuvar

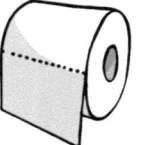

kertas tandas

tuvalet kağıdı

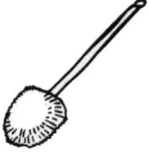

berus tandas

tuvalet fırçası

berus gigi

diş fırçası

ubat gigi

diş macunu

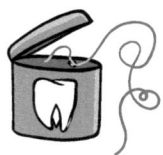

flos gigi

diş ipi

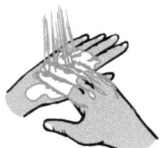

cuci

yıkamak

mandian tangan

duş başlığı

pancuran

duş başlığı şeklinde taharet
musluğu

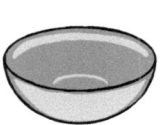

besen

küvet

belakang berus

banyo fırçası

sabun

sabun

gel mandian

duş jeli

syampu

şampuan

flanel

banyo lifi

longkang

gider

krim

krem

deodoran

deodorant

cermin

ayna

cermin tangan

el aynası

pisau cukur

jilet

busa cukur

tıraş köpüğü

selepas cukur

tıraş losyonu

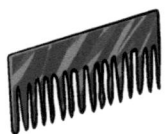

sikat

tarak

berus

fırça

pengering rambut

saç kurutma makinesi

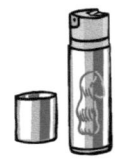

semburan rambut

saç spreyi

mekap

makyaj

gincu

ruj

varnis kuku

tırnak cilası

bulu kapas

pamuk

gunting kuku

tırnak makası

pewangi

parfüm

beg basuhan

makyaj çantası

bangku

tabure

skala berat

tartı

jubah mandi

bornoz

sarung tangan getah

lastik eldiven

kapas

tampon

tuala wanita

kadın pedi

tandas kimia

kimyevi tuvalet

bilik kanak-kanak
çocuk odası

jam loceng
çalar saat
mainan kegemaran
peluş oyuncak
kereta mainan
oyuncak araba
kerincing bayi
çıngırak
rumah anak patung
bebek evi
hadiah
hediye

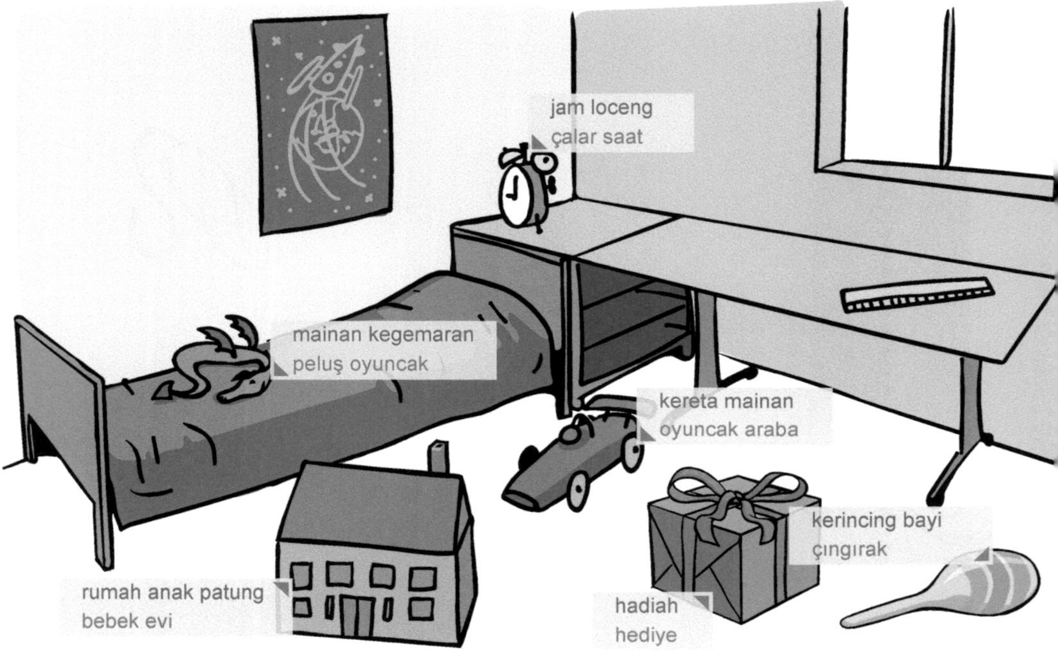

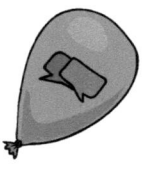

belon
balon

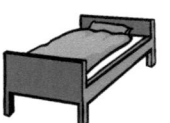

katil
yatak

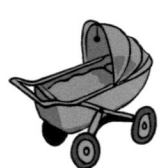

kereta sorong bayi
bebek arabası

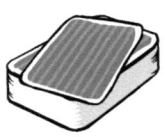

set kad
kart destesi

susun suai gambar
yapboz

SUPER
MEGA

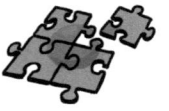

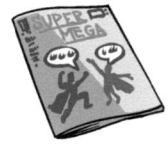

komik
çizgi roman

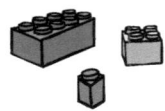

batu bata lego

lego tuğlaları

blok mainan

lego blokları

figura aksi

aksiyon figürü

baju bayi

zıbın

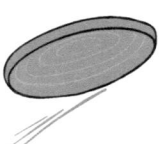

frisbee

frizbi

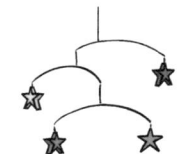

mainan bayi mudah alih

dönence

permainan papan

masa oyunu

dadu

zar

set model kereta api

model tren seti

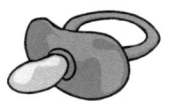

palsu

emzik

parti

parti

buku bergambar

resimli kitap

bola

top

anak patung

oyuncak bebek

main

oynamak

lubang pasir

kum havuzu

buai

salıncak

mainan

oyuncaklar

konsol permainan video

video oyun konsolu

basikal roda tiga

üç tekerlekli bisiklet

anak patung beruang

oyuncak ayı

almari pakaian

gardırop

pakaian
kıyafet

stoking

çorap

stoking

külotlu çorap

ketat

tayt

skarf
eşarp

g/keselamatan

payung
şemsiye

kemeja-t
tişört

but
bot

selipar
terlik

kasut sukan
spor ayakkabı

sandal
sandalet

kasut
ayakkabı

but getah
lastik çizme

seluar dalam
külot

coli
sütyen

ves
yelek

pakaian - kıyafet

badan

dar bluz

Seluar panjang

pantolon

jean

kot pantolon

skirt

etek

blaus

bluz

kemeja

gömlek

baju panas sarung

kazak

sweater

süveter

blazer

blazer

jaket

ceket

kot

mont

baju hujan

yağmurluk

kostum

kostüm

pakaian

elbise

baju pengantin

gelinlik

sut

takım elbise

baju tidur

gecelik

baju tidur

pijama

sari

sari

skarf kepala

baş örtüsü

serban

türban

burqa

burka

kaftan

kaftan

abaya/jubah

çarşaf

baju renang

mayo

seluar renang

erkek mayosu

seluar pendek

şort

sut balapan

eşofman

apron

önlük

sarung tangan

eldiven

pakaian - kıyafet

butang

düğme

cermin mata

gözlük

gelang tangan

bilezik

rantai leher

kolye

cincin

yüzük

subang

küpe

topi

kep

penyangkut kot

portmanto

topi

şapka

tali leher

kravat

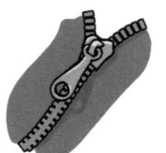

zip

fermuar

topi keledar

kask

pendakap

pantolon askısı

uniform sekolah

okul forması

seragam

üniforma

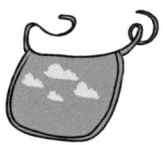

lapik dada

mama önlüğü

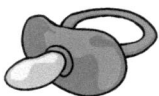

palsu

emzik

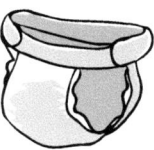

lampin

bebek bezi

pejabat

ofis

pelayan
sunucu
kabinet fail
dosya dolabı
mesin pencetak
yazıcı
kertas
kağıt
monitor
monitör
meja
masa
tetikus
fare
folder
klasör
papan kekunci
klavye
bakul sampah
kağıt çöp kutusu
komputer
bilgisayar
kerusi
sandalye

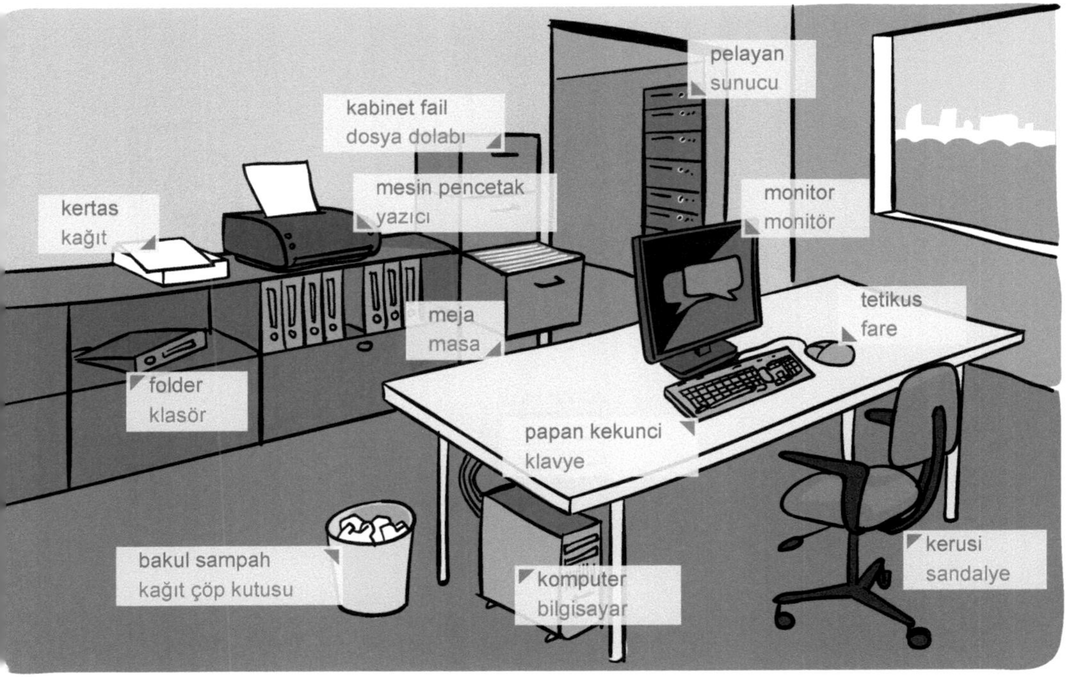

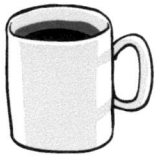

cawan kopi

kahve fincanı

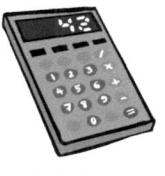

kalkulator

hesap makinesi

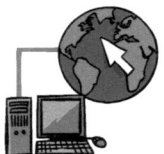

internet

internet

komputer riba
dizüstü

surat
mektup

mesej
mesaj

mudah alih
cep telefonu

rangkaian
ağ

mesin fotokopi
fotokopi makinesi

perisian
yazılım

telefon
telefon

soket plag
priz

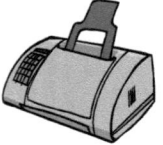

mesin faks
faks makinesi

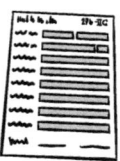

bentuk
form

dokumen
belge

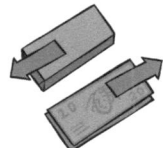

beli

satın almak

bayar

ödemek

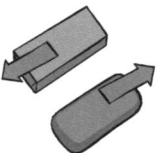

berdagang

ticaret yapmak

wang

para

dolar

dolar

euro

avro

yen

yen

rubel

ruble

franc swiss

İsviçre frangı

renminbi yuan

Çin yuanı

rupee

rupi

mata tunai

kasa

pejabat tukaran mata wang

döviz bürosu

emas

altın

perak

gümüş

minyak

petrol

tenaga

enerji

harga

fiyat

kontrak

kontrat

cukai

vergi

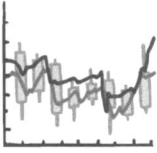

stok

menkul değer

kerja

çalışmak

pekerja

işveren

majikan

işçi

kilang

fabrika

kedai

mağaza

ekonomi - ekonomi

pegawai polis
polis memuru

ahli bomba
itfaiyeci

tukang masak
aşçı

doktor
doktor

juruterbang
pilot

tukang kebun

bahçıvan

tukang kayu

marangoz

tukang jahit

terzi

hakim

hakim

ahli kimia

kimyager

pelakon

aktör

pemandu bas

otobüs şoförü

pemandu teksi

taksi şoförü

nelayan

balıkçı

wanita pencuci

temizlikçi

kasau

çatı ustası

pelayan

garson

pemburu

avcı

pelukis

boyacı

bakeri

fırıncı

juruelektrik

elektrikçi

pembangun

inşaatçı

jurutera

mühendis

penjual daging

kasap

tukang paip

muslukçu

posmen

postacı

askar

asker

arkitek

mimar

juruwang

kasiyer

kedai bunga

çiçekçi

pendandan rambut

kuaför

konduktor

kondüktör

mekanik

tamirci

kapten

kaptan

doktor gigi

dişçi

ahli sains

bilim insanı

tuhanku

haham

imam

imam

sami

keşiş

paderi

rahip

alat
aletler

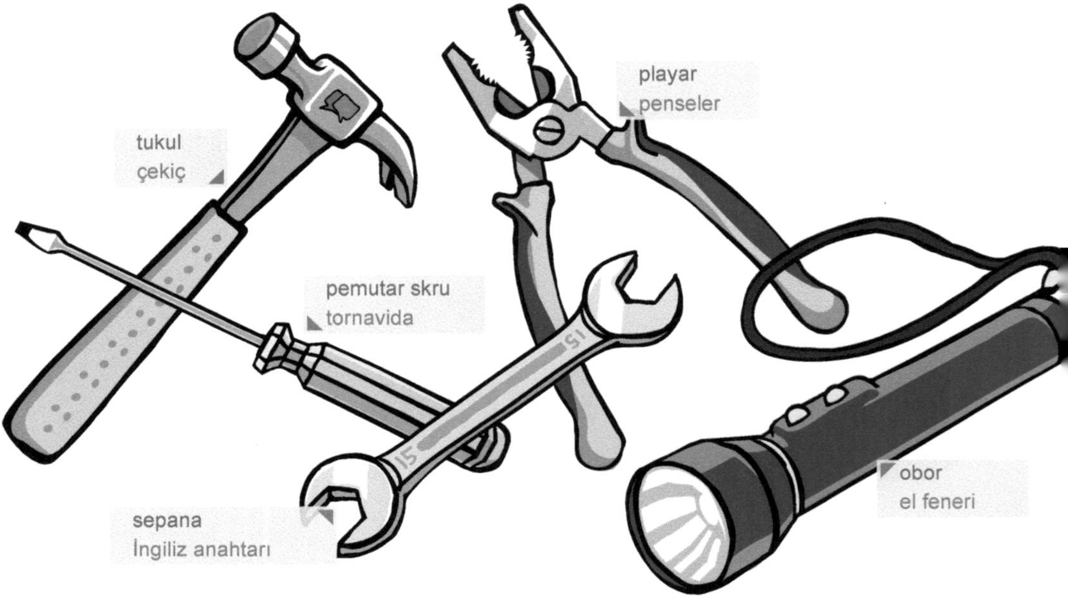

playar
penseler
tukul
çekiç
pemutar skru
tornavida
obor
el feneri
sepana
İngiliz anahtarı

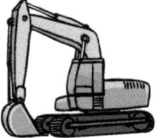

pengorek

kazı makinesi

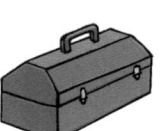

kotak peralatan

alet çantası

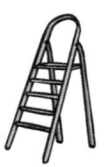

tangga

merdiven

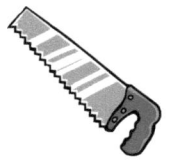

gergaji

testere

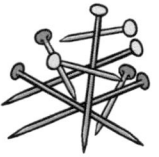

kuku

çiviler

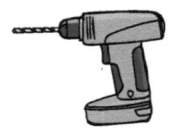

gerudi

matkap

baiki
tamir etmek

penyodok
kürek

Celaka!
Kahretsin!

penadah sampah
faraş

periuk cat
boya tenekesi

skru
vidalar

alat muzik
müzik enstrümanı

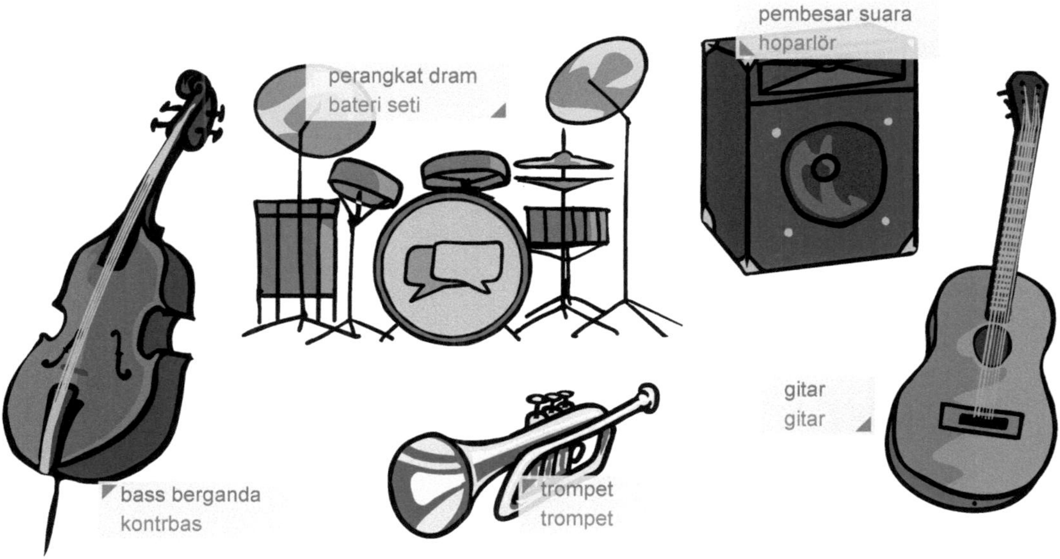

perangkat dram
bateri seti

pembesar suara
hoparlör

gitar
gitar

bass berganda
kontrbas

trompet
trompet

piano

piyano

biola

keman

bass

basgitar

timpani

timpani

dram

bateri

papan kekunci

klavye

saksofon

saksafon

seruling

flüt

mikrofon

mikrofon

alat muzik - müzik enstrümanı

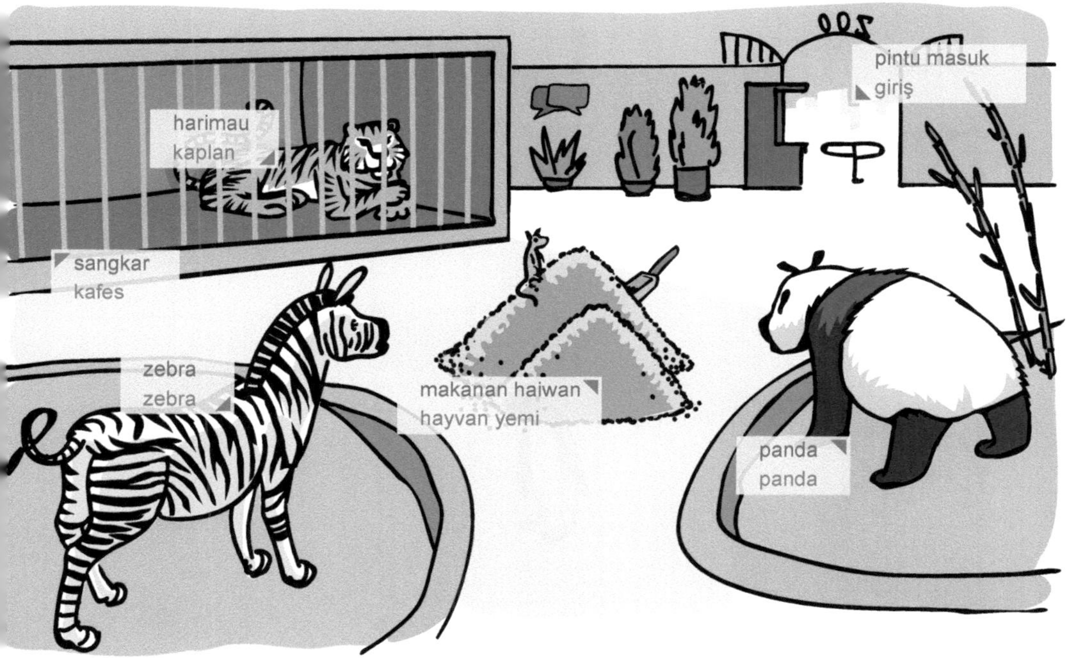

pintu masuk
giriş

harimau
kaplan

sangkar
kafes

zebra
zebra

makanan haiwan
hayvan yemi

panda
panda

haiwan
hayvanlar

gajah
fil

kanggaru
kanguru

badak sumbu
gergedan

gorila
goril

beruang
ayı

unta

deve

burung unta

deve kuşu

singa

aslan

monyet

maymun

flamingo

flamingo

nuri

papağan

beruang kutub

kutup ayısı

penguin

penguen

yu

köpek balığı

merak

tavus kuşu

ular

yılan

buaya

timsah

penjaga zoo

hayvanat bahçesi görevlisi

anjing laut

fok

jaguar

jaguar

kuda

midilli atı

harimau

leopar

badak air

su aygırı

zirafah

zürafa

helang

kartal

babi jantan

yaban domuzu

ikan

balık

penyu

kaplumbağa

anjing laut

mors

musang

tilki

rusa

ceylan

bola sepak Amerika
amerikan futbolu

berbasikal
bisiklete binme

tenis
tenis

bola keranjang
basketbol

renang
yüzme

tinju
boks

hoki ais
buz hokeyi

bola sepak
futbol

badminton
badminton

olahraga
atletizm

bola baling
hentbol

ski
kayak

polo
polo

ketawa
gülmek

lompat
atlamak

peluk
sarılmak

berjalan
yürümek

menyanyi
söylemek

mimpi
hayal etmek

berdoa
dua etmek

cium
öpmek

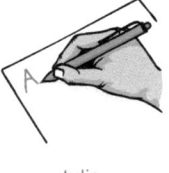

tulis
yazmak

lukis
çizmek

tunjuk
göstermek

tolak
itmek

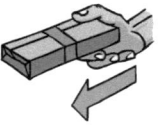

beri
vermek

ambil
almak

ada
sahip olmak

buat
yapmak

ialah
olmak

berdiri
ayakta durmak

lari
koşmak

tarik
çekmek

buang
atmak

jatuh
düşmek

tipu
yalan söylemek

tunggu
beklemek

bawa
taşımak

duduk
oturmak

pakai
giyinmek

tidur
uyumak

bangkit
uyanmak

aktiviti - etkinlikler

lihat pada
bakmak

menangis
ağlamak

strok
vurmak

sikat
taramak

cakap
konuşmak

faham
anlamak

tanya
sormak

dengar
dinlemek

minum
içmek

makan
yemek

mengemas
düzenlemek

sayang
sevmek

masak
pişirmek

pandu
sürmek

terbang
uçmak

aktiviti - etkinlikler

belayar

denize açılmak

kira

hesapla

baca

okumak

belajar

öğrenmek

kerja

çalışmak

nikah

evlenmek

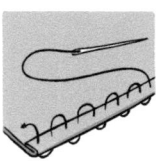

jahit

dikmek

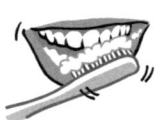

memberus gigi

diş fırçalamak

bunuh

öldürmek

asap

sigara içmek

hantar

yollamak

nenek
büyükanne

datuk
büyükbaba

bapa
baba

ibu
anne

bayi
bebek

anak perempuan
kız

anak lelaki
oğul

tetamu

misafir

mak cik

teyze

pak cik

amca

abang

erkek kardeş

kakak

kız kardeş

badan
vücut

dahi
alın
mata
göz
muka
yüz
dagu
çene
jari
parmak
tangan
el
dada
göğüs
lengan
kol
bahu
omuz
kaki
bacak

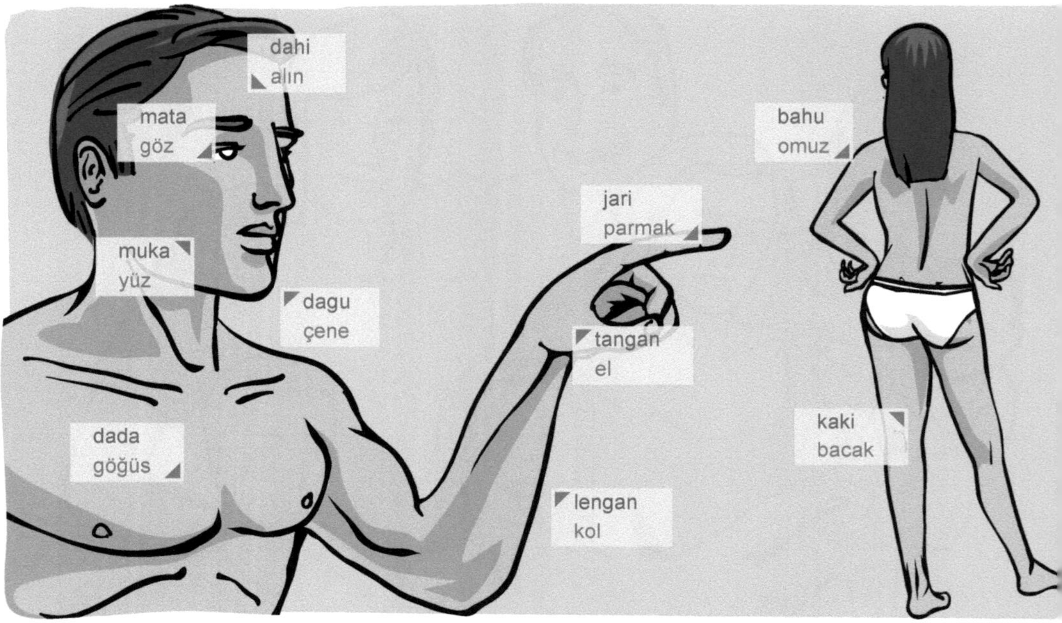

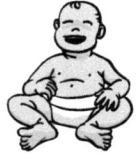

bayi
bebek

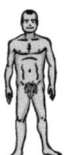

lelaki
adam

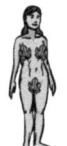

wanita
kadın

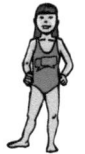

perempuan
kız

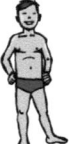

lelaki
erkek çocuk

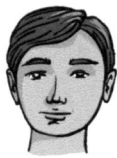

kepala
baş

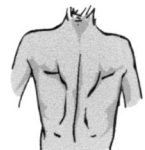

belakang
sırt

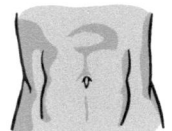

bawah perut
karın

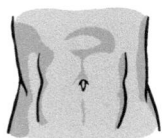

pusat
göbek

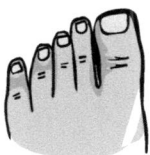

jari kaki
ayak parmağı

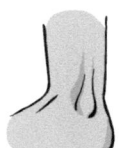

tumit
topuk

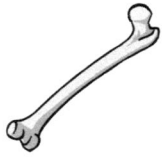

tulang
kemik

pinggul
kalça

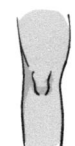

lutut
diz

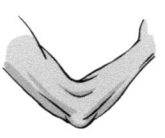

siku
dirsek

hidung
burun

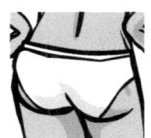

bawah
kalça

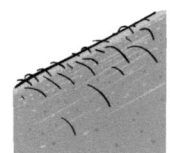

kulit
deri

pipi
yanak

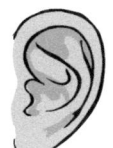

telinga
kulak

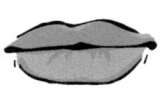

bibir
dudak

mulut

ağız

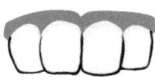

gigi

diş

lidah

dil

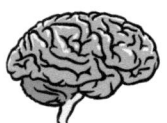

otak

beyin

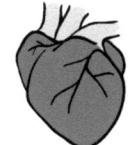

hati

kalp

otot

kas

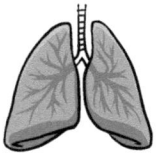

paru-paru

akciğer

hati

karaciğer

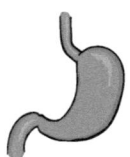

perut

mide

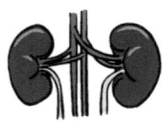

buah pinggang

böbrekler

seks

seks

kondom

prezervatif

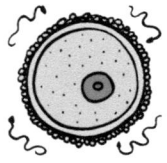

faraj

yumurtalık

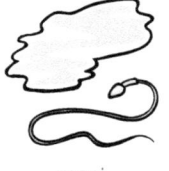

mani

sperm

mengandung

hamilelik

badan - vücut

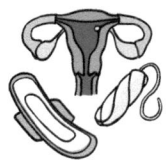

haid
regl

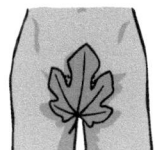

faraj
vajina

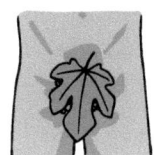

penis
penis

kening
kaş

rambut
saç

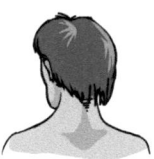

leher
boyun

hospital
hastane

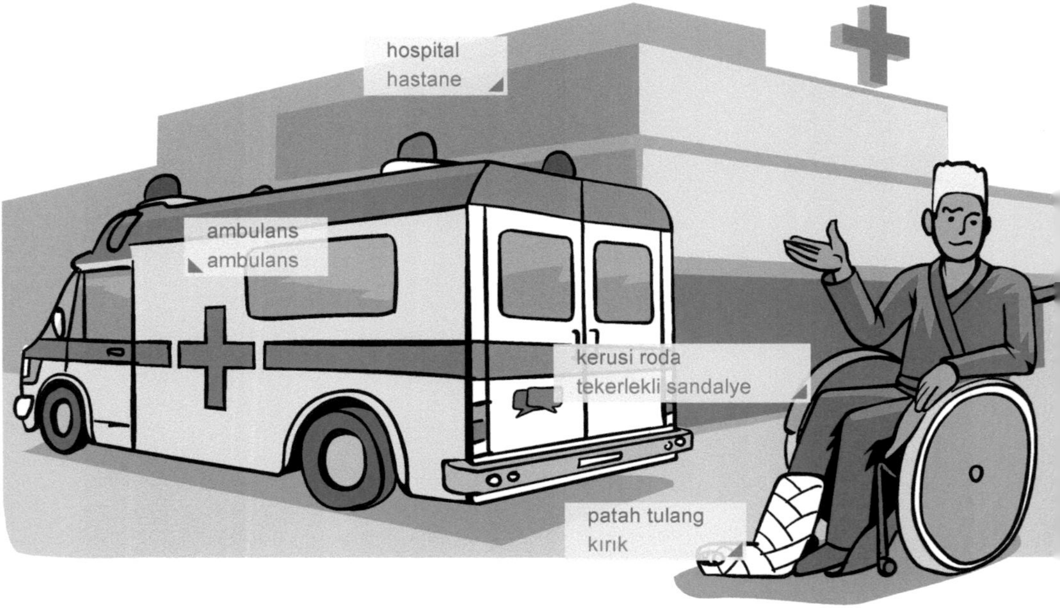

hospital
hastane
ambulans
ambulans
kerusi roda
tekerlekli sandalye
patah tulang
kırık

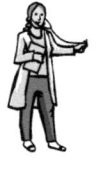

doktor

doktor

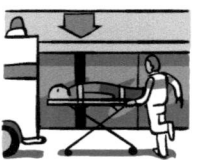

bilik kecemasan

acil servis

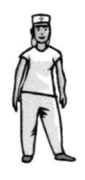

jururawat

hemşire

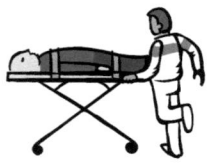

kecemasan

acil

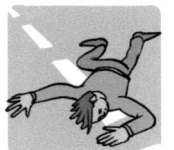

tak sedar

baygın

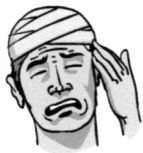

sakit

acı

kecederaan

yaralanma

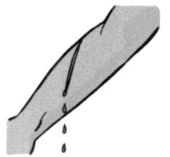

pendarahan

kanama

serangan jantung

kalp krizi

strok

felç

alergi

alerji

batuk

öksürük

demam

ateş

selesema

grip

cirit-birit

ishal

sakit kepala

baş ağrısı

kanser

kanser

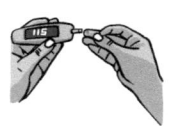

diabetes

şeker hastalığı

pakar bedah

cerrah

pisau bedah

neşter

pembedahan

operasyon

CT

bilgisayarlı tomografi

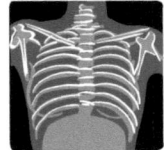

x-ray

röntgen

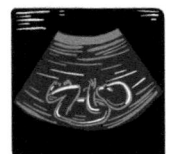

ultrabunyi

ultrason

topeng muka

yüz maskesi

penyakit

hastalık

bilik menunggu

bekleme odası

penongkat

koltuk değneği

plaster

yara bandı

pembalut

bandaj

suntikan

enjeksiyon

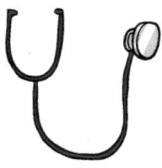

stetoskop

steteskop

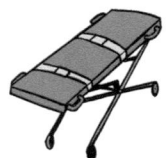

pengusung

sedye

termometer klinik

tıbbi termometre

kelahiran

doğum

berat badan berlebihan

fazla kilo

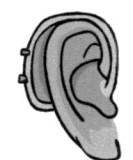

alat pendengaran

işitme cihazı

disinfektan

dezenfektan

jangkitan

enfeksiyon

virus

virüs

HIV / AIDS

HIV / AIDS

perubatan

ilaç

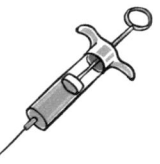

vaksinasi

aşı

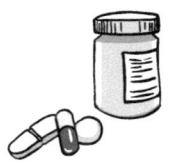

tablet

tablet

pil

hap

panggilan kecemasan

acil çağrı

pantau tekanan darah

tansiyon aleti

sakit / sihat

hasta / sağlıklı

Tolong!

İmdat!

serang

darp

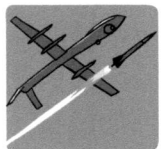

serangan

saldırı

bahaya

tehlike

pintu kecemasan

acil çıkış

Api!

Yangın!

alat pemadam api

yangın tüpü

kemalangan

kaza

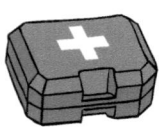

alat pertolongan cemas

ilk yardım çantası

SOS

imdat

polis

polis

penggera

alarm

Eropah

Avrupa

Amerika Utara

Kuzey Amerika

Amerika Selatan

Güney amerika

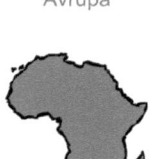

Afrika

Afrika

Asia

Asya

Australia

Avustralya

Atlantic

Atlantik

Pasifik

Pasifik

Lautan Hindi

Hint Okyanusu

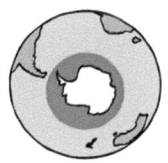

Lautan Antartik

Antarktika Okyanusu

Lautan Artik

Arktik Okyanusu

Kutub utara

Kuzey Kutbu

Kutub Selatan

Güney Kutbu

Antartika

Antarktika

bumi

dünya

tanah

kara

laut

deniz

pulau

ada

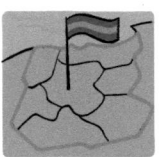

negara

ulus

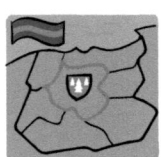

negeri

ülke

muka jam

kadran

tangan jam

akrep

tangan minit

yelkovan

terpakai

saniye ibresi

Jam berapa sekarang

Saat kaç?

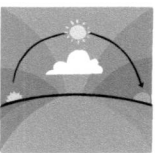

hari

gün

masa

zaman

sekarang

şimdi

jam digital

dijital saat

minit

dakika

jam

saat

Isnin / Pazartesi — MO
Rabu / Çarşamba — W
Jumaat / Cuma — FR
Selasa / Salı — TU
Sabtu / Cumartesi — TH
SA
Khamis / Perşembe
Ahad / Pazar — SO

semalam
dün

hari ini
bugün

esok
yarın

pagi
sabah

tengah hari
öğle

petang
akşam

hari kerja
iş günleri

hari minggu
hafta sonu

hujan yağmur	pelangi gökkuşağı		salji kara
		angin rüzgar	
musim bunga bahar		musim luruh sonbahar	
musim panas yaz			
		musim salji kış	

4.APRIL	11°	☀
5.APRIL	4°	☂
6.APRIL	13°	☂
7.APRIL	8°	❄
8.APRIL	10°	☀

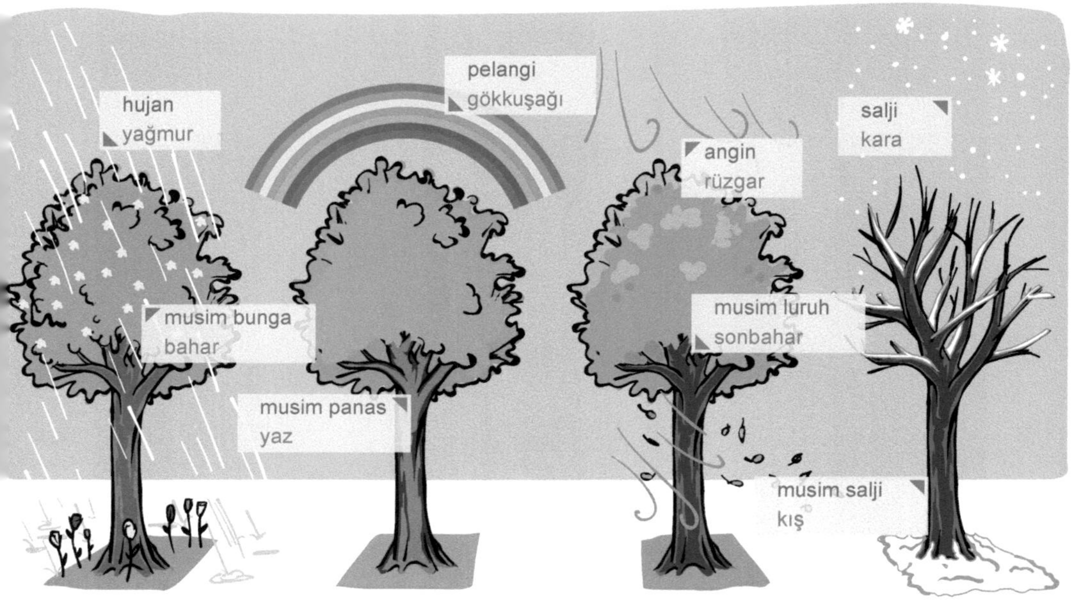

ramalan cuaca

hava durumu tahmini

termometer

termometre

sinar matahari

güneş ışığı

awan

bulut

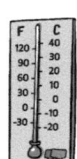

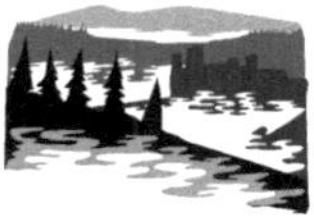

kabus

sis

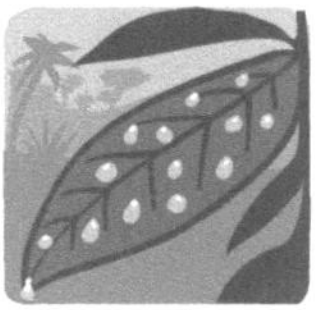

lembapan

nem

kilat

şimşek

petir

gök gürültüsü

ribut

fırtına

hujan batu

dolu

monsun

muson

banjir

sel

ais

buz

Januari

Ocak

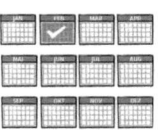

Februari

Şubat

Mac

Mart

April

Nisan

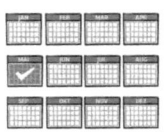

Mei

Mayıs

Jun

Haziran

Julai

Temmuz

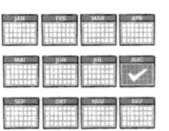

Ogos

Ağustos

tahun - yıl

September
....
Eylül

Oktober
....
Ekim

November
....
Kasım

Disember
....
Aralık

bulatan
....
daire

petak
....
kare

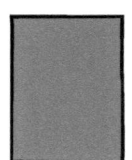

segi empat tepat
....
dikdörtgen

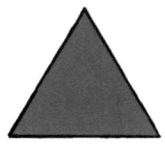

segitiga
....
üçgen

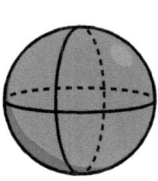

sfera
....
küre

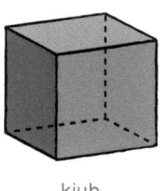

kiub
....
küp

putih

beyaz

kuning

sarı

oren

turuncu

merah jambu

pembe

merah

kırmızı

ungu

mor

biru

mavi

hijau

yeşil

coklat

kahverengi

kelabu

gri

hitam

siyah

banyak / sedikit

çok / az

marah / tenang

kızgın / sakin

cantik / hodoh

güzel / çirkin

bermula / tamat

başlangıç / son

besar kecil

büyük / küçük

terang / gelap

parlak / karanlık

abang / kakak

erkek kardeş / kız kardeş

bersih / kotor

temiz / kirli

lengkap / tidak lengkap

tamam / eksik

hari / malam

gün / gece

mati / hidup

ölü / canlı

luas / sempit

geniş / dar

boleh dimakan / tidak boleh dimakan

yenilebilir / yenilemez

jahat / baik

kötü / iyi

teruja / bosan

heyecanlı / sıkılmış

gemuk / kurus

şişman / zayıf

pertama / terakhir

ilk / son

kawan / musuh

dost / düşman

penuh / kosong

dolu / boş

keras / lembut

sert / yumuşak

berat / ringan

ağır / hafif

lapar / dahaga

açlık / susuzluk

sakit / sihat

hasta / sağlıklı

menyalahi undang-undang / undang-undang

yasa dışı / yasal

pintar / bodoh

zeki / aptal

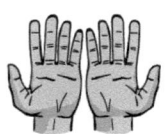

kiri / kanan

sol / sağ

dekat / jauh

yakın / uzak

baru / lama
yeni / kullanılmış

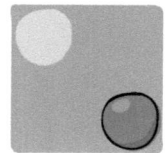

tiada / sesuatu
hiçbir şey / bir şey

tua / muda
yaşlı / genç

hidup / mati
açma / kapama

terbuka / tertutup
açık / kapalı

diam / bising
sessiz / gürültülü

kaya / miskin
zengin / fakir

betul / salah
doğru / yanlış

kasar / halus
pürüzlü / düz

sedih / gembira
üzgün / mutlu

pendek / panjang
kısa / uzun

lambat / laju
yavaş / hızlı

basah / kering
ıslak / kuru

panas / sejuk
sıcak / serin

berperang / berdamai
savaş / barış

0

sifar
....
sıfır

1

satu
....
bir

2

dua
....
iki

3

tiga
....
üç

4

empat
....
dört

5

lima
....
beş

6

enam
....
altı

7

tujuh
....
yedi

8

lapan
....
sekiz

9

sembilan
....
dokuz

10

sepuluh
....
on

11

sebelas
....
on bir

12

dua belas

on iki

13

tiga belas

on üç

14

empat belas

on dört

15

lima belas

on beş

16

enam belas

on altı

17

tujuh belas

on yedi

18

lapan belas

on sekiz

19

Sembilan belas

on dokuz

20

dua puluh

yirmi

100

ratus

yüz

1.000

ribu

bin

1.000.000

juta

milyon

Bahasa Inggeris

İngilizce

Bahasa Inggeris Amerika

Amerikan İngilizcesi

Bahasa Cina Mandarin

Çince (Mandarin)

Bahasa Hindi

Hintçe

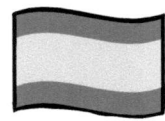

Bahasa Sepanyol

İspanyolca

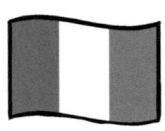

Bahasa Perancis

Fransızca

Bahasa Arab

Arapça

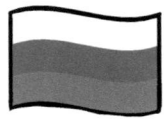

Bahasa Rusia

Rusça

Bahasa Portugis

Portekizce

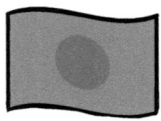

Bahasa Benggali

Bengalce

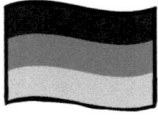

Bahasa Jerman

Almanca

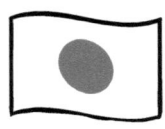

Bahasa Jepun

Japonca

saya

ben

anda

sen

dia / dia / ia

o

kita

biz

anda

siz

mereka

onlar

siapa?

kim?

apa?

ne?

bagaimana?

nasıl?

di mana?

nerede?

bila?

ne zaman?

nama

isim

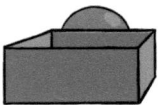

belakang

arkasında

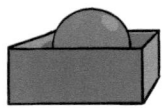

dalam

içinde

di hadapan

önünde

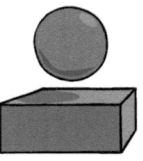

lebih

üzerinde

pada

üstünde

di bawah

altında

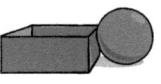

bersebelahan

yanında

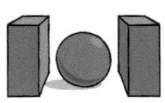

antara

arasında

tempat

yer